Александра Шпанер

Тростник

Стихотворения 1998-2002
Литературно – художественное
издание

Cleveland 2021

Тростник
Автор Александра Шпанер
Любое использование материала данной книги,
полностью или частично, без разрешения
правообладателя запрещается.
Все права автора защищены.

Литературно-художественное издание
В книгу Тростник вошли стихотворения 1998-2002
г.
Обложка книги и иллюстрации Александры Брин

Accent Graphics Communications
Кливленд 2021, США

Тростник
Trostnik
Cover and illustrations by artist Alexandra Brin

Library of Congress Control Number: 2021918242
ISBN: 978-1-77192-618-8

Cleveland 2021

Когда страданье переполнит сердце,
И воздух туг и дышится с трудом,
Есть от него единственное средство:
Все тайное озвучить тростником.

И дудочка простая окарины
Дуэтом вступит в выбранный мотив,
И вот уже не помнится причина
Сакральной грусти и душа летит.

А.Шпанер

Александра Шпанер родилась в Молдавии. Детские годы прошли на Дальнем Востоке, где служил ее отец. Затем Кишинев, столица Молдавии. Здесь она училась в художественной школе. Высшее образование получила в Калининграде, бывшем Кенигсберге. После окончания учебы вернулась в Кишинев, работала инженером и художником.

С 1990 года живет в США, в Кливленде, штате Огайо. Занимается живописью, иллюстрирует книги, участвует в выставках, рисует для Кливлендского Балета, пишет стихи и прозу. Имя художника *Александры Брин*, так она подписывает свои работы, хорошо известно не только в Кливленде, но и далеко за его пределами. Её работы есть в Вашингтонском музее Холокоста, в корпоративных и частных коллекциях в США, Канаде, Австралии, Израиле, Германии, Латвии, Швейцарии и др.

Стихи *Александра Шпанер* пишет давно. Как правило, она их не сочиняет, а просто записывает, когда они сами приходят к ней. В основном это лирика, проникновенная и открытая. Стихи Александры пронизаны искренностью чувств, как впрочем, и всё ее творчество.

Грезы

Моя усадьба спрятана от глаз,
В ней жизнь течет размеренно и тихо,
И бабушка о старине ведет рассказ,
И на окраине цветет гречиха.

В саду под яблоней накрытый стол
Ждет к чаю и горою пироги;
Доносится от лип гуденье пчел,
И кажется, что дерево гудит;

Повидло булькает в тазу из меди
На каменном старинном очаге;
И грядка тесная зеленой снеди
Так манит и зовет к себе.

Бежит дорожка весело к ограде
И там, за ней, теряется вдали
У леса, где совсем еще недавно
О счастье заливались соловьи...

* * *

Я хочу золотые рассветы
И стихи до вечерней зари,
И прекрасного бабьего лета,
О, волшебник, хранящий все это,
Я же знаю, ты должен быть где-то.
Назови мне себя, назови !

* * *

Солнце опустилось и над крышей
Огненный полощется закат.
Ты прости, что я тебя не слышу,
Возвращаясь мысленно назад…

Формула счастья

Какая вольница и тайная отрада
Все делать вопреки, наперекор
Всем правилам, как будто так и надо,
Желаний слушая великолепный хор !

Покой, но не во сне, а настоящий,
Дарующий и негу, и полет,
Такой недосягаемый, манящий,
Где радость чистая так терпеливо ждет !

Покой и воля – формула простая,
Так счастье сформулировал Поэт.
Лишь иногда я их порознь встречаю,
А вместе не случалось еще, нет...

* * *

Ключ серебристый одарит прохладой
В жаркий и зноем измученный день,
Листва кружевную уронит тень,
А больше душе ничего и не надо.
Но так ли ? Нет, просто слова и бравада –
К Парнасу нащупываю ступень.

Муза

Помню, Муза девочка-подросток
У окна распахнутого в сад
В платье светлом, небольшого роста,
А глаза – мерцающие звезды,
И волос сияющий каскад.
Это ты рассказывала сказки,
На холме со мной стояла в снегопад
И летела с горки на салазках,
И впервые показала мне закат.
Ты меня учила видеть краски,
Находить повсюду Красоту,
Чутко слышать музыку под маской
Тишины и набирать быстрее Высоту.
Позже, приносила вдохновенье,
Крылья мне дарила, чтоб лететь.

Выбор мой – на жизнь иль на мгновенье,
Мне не знать мучительных сомнений,
Или в муках творчества гореть.
Муза моя, девочка-подросток,
Я тебя тогда не поняла.
И поверить было так непросто –
Ты меня по жизни повела.
Никогда меня не оставляла,
Даже если я тебя гнала –
Тихо за спиной моей стояла,
Ласковое что-то мне шептала,
И минуту верную ждала...
Годы шли.Ты, девочка, все та же,
Я – скрываю иней на виске.
Знаю я, ты – Будешь, если даже
Не до срока я уйду однажды,
След свой не оставив на Песке.

Не опоздай

Не согреет ласка век усталых,
Вымученно губы улыбнутся.
От лучей холодных лед не тает,
И зимою птицы не вернутся.

Слишком долгим было ожиданье.
Слишком поздно задавать вопросы.
Оглянется Чувство на прощанье
И уйдет. И ничего не спросит…

* * *

Сегодня о плохом не буду думать,
Только о хорошем, невозвратном.
Если завтра вовсе не наступит,
Знаю я, от предков вероятно,
Там с хорошим много легче будет.
Неспеша иду по улице рассветной,
Как ещё недавно мне мечталось.
Тишина. Покой. Но нет ответа:
Что не так, и что не состоялось?
Вдруг, нахлынула такая радость света.
Ниоткуда. И со мной осталась.

* * *

Я сама себе противоречу,
Попросив тебя не приходить
В сны мои. И назначаю встречу.
Мне тебя так трудно разлюбить.
Ты приди влюбленным и любимым,
Принеси с собой мою весну.
Мне отчаянно, до слез необходимо
Нежность обрести и тишину.

Обитель

Души моей обитель, Красота,
Так щедро сотворенная природой,
Поющая всему живому оду,
Сама любовь, и свет, и высота.
Живу тобой, дышу и воспеваю.
За счастье чувствовать тебя и понимать
Я небеса благодарю не уставая.
Хотя б отчасти Красоту земного рая
О, если б я сумела передать!
Слова мои банальны и просты
Быть может. Не боюсь я повториться.
У Красоты нетленные страницы
Стихов, мне недоступной высоты.
И все же, в них душа моя таится...

В четыре строчки

* * *

Когда взгляд уходит к облакам
Убегающим в стремительное небо
Словно чья-то сильная рука
Хочет оторвать меня от стебля

Шутка

Трещит по швам моя обшивка,
Торчат уж кости тут и там.
Я съел всё сам — и в том ошибка.
Уж лучше б с другом, пополам...

* * *

Я улечу в заоблачные дали,
И там парю счастливо без ветрил,
Потом вернусь и снова повторяю,
О том как с высоты прекрасен мир.

* * *

Я каждый вечер мысленно прощаюсь,
За утро каждое благодарю,
За радости, за все, о чем печалюсь.
О, жизнь моя, я так тебя люблю!

* * *

Время убегает без оглядки,
Волосы на память серебря,
И в обратном движутся порядке
Даты в памяти календаря...

* * *

Душа, наполненная болью и огнем,
Жива любовью, молит о покое...
Тоскою иссушая, не убьем —
Бессмертна. А возможно ли такое?

* * *

Никому быть может и не нужно,
То, что память тихо напоет.
Только ветер ласковый мой, южный
Эту музыку услышит и поймет.

* * *

Надоели и холод, и дождь,
А ведь осени только начало...
Так по осени сердце скучало,
Лета бабьего не дождалось.

* * *

Квартира окнами на юг,
«хрущевка» в три окна,
Мое спасение от вьюг.
Там до сих пор весна.

Реплика

Ну, какое имеет значение,
Сколько лет ты на свете прожил.
Жизнь – дорога длиною в мгновение.
Важно, чтобы ты чью-то продлил.

* * *

Живое тепло ладони
В обледеневшие ветки
Вливали кусту сирени
С древней молитвой предков

* * *

Спят шорохи, плывет седой туман,
И ветер прикорнул на берегу,
И льется из окна ночной романс,
И я, не разбирая троп, к тебе бегу...

* * *

Сжата пружина ревности.
Сердце в кулак до отказа.
Всю до крупинки нежность,
Любовь отдаю всю — разом.

* * *

От восхищенных взглядов тебя не уберечь.
Достойные влюбляются мужчины
И ищут никому ненужных встреч.
А тот, единственный,
            все ищет для невстреч причины.

* * *

Ничего от любви не осталось,
Лишь клубится сиреневый дым.
Отчего же ты, глупая память,
Возвращаешь его молодым?

* * *

Я знаю природу твоей печали,
О, как бы хотелось тебе помочь!
Что вырвано с корнем, привьется едва ли.
Так носится ветер в холодную ночь...

* * *

Несчастливую узнаешь по походке,
По улыбке, спрятавшей печаль.
По внезапной дрожи подбородка,
Взгляду, опрокинутому в даль.

* * *

Ни клятвы верности, ни рыцари печали
Мне не нужны.
Вначале было Слово. Вначале
Меж нами не было межи...

* * *

Как поток с горы не остановишь,
Сердцу не прикажешь не болеть.
Не дыши – и ты уже не помнишь,
Но душа не может умереть.

* * *

Я устала от гнева и лжи,
Дней растраченных всуе так жаль.
Хорошо бы в любви дни дожить.
Хорошо бы сначала начать...

* * *

В тяжелые минуты испытанья,
В минуты скорби, мира на краю,
Нахлынет жажда жить такая –
По силе с нею, даже смерть я не сравню.

* * *

Всё мне плачется, ох, как плачется,
В эти светлые майские дни...
Что ж ты, девочка в белом платьице,
Обещала счастливою быть?

* * *

Душа моя скорбит, весна проходит мимо,
Хор мелочных обид толпится без стыда:
Родные голоса так громки, а за ними
Знакомые... Как очередь стоят...

* * *

У всех одно и тоже—одиночество.
Бредет за почтой, возится в саду,
Глядит из окон так, что плакать хочется...
Я с ним по нашей улице иду.

* * *

Прости меня, прости, о, Боже!
Такой меня Ты сотворил?
Ну, посмотри, на что похожа
Жизнь без руля и без ветрил.

* * *

В моем саду: старинные аллеи
Листвою дымчатой одетые едва,
Ввысь устремленные, стволы белеют,
Бутон подснежника и первая трава,
И шепот слов; Слова, Слова, Слова...

* * *

Я вернула себе вновь потеряный рай.
Сколько раз мне еще возвращаться,
Чтобы больше себя никогда не терять
И душе не пришлось бы скитаться.

* * *

На моем неубранном столе,
Белей зимы благоухают розы,
В глазах еще не пролитые слезы
Оттаивают льдинками в тепле.

* * *

Слышит чуткое ухо Динго моей
Самые тонкие звуки,
Шёпот листвы и шорох теней,
Но острее всего разлуку.

* * *

Семь желтых роз, как мое бабье лето,
Прекрасней не придумать, не найти,
И паутинкой перепутаны пути
Мои к тебе, и не к разлуке это.

* * *

Л.П.

Спасибо провидению за то,
Что мы с тобой не встретили друг друга,
И молодости яростная вьюга
На горнем не коснулась нас плато.

Что за комфорт душевного приюта,
Платить не нужно дорогой ценой,
И властная, капризная минута
Давно уже не властна надо мной.

* * *

Для несбыточных желаний,
Для напрасных оправданий
Не буди меня.

Для пустого света дня,
Для погасшего огня
Не буди меня.

Но для светлых ожиданий,
Но для радостных свиданий
Разбуди меня.

Для сиреневой метели,
Где недавно птицы пели,
Разбуди меня.

Ради первых красок дня
Разбуди меня.

Секрет рецепта

Рецепт мой прост. Он очень незатейлив.
Побольше специй, зелени и соль.
С домашними будь терпелив, приветлив,
И в это время ни о чем не спорь.

Пропорции во всем важны, конечно.
Да, у плиты, пожалуй, не спеши.
Но истина останется извечной,
Что вкус волшебный будет обеспечен
Количеством приложенной души.

* * *

Первые непролитые слезы,
Сердца неподдельную печаль,
Несмеяны, девочки –мимозы
Отражает зеркало. Как жаль...
....
Постарела женщина немного,
А в глазах распахнутая даль,
Все зовет, зовет с собой в дорогу.
Никого нет рядом. Ах, как жаль...

Подчиняющая страсть

1

Ты напрасно меня ругаешь.
Ну, немного еще потерпи.
Я прекрасно тебя понимаю,
Но не справлюсь с собой, я знаю,
Нужно, чтобы ушли стихи.

2

Когда меня одолевают рифмы,
Живу я так, как будто напролом
Сквозь стены прохожу, иду на рифы,
Не знаю, где начало, что потом.
Не замечаю времени и места,
Забыв про все вопросы, о делах,
Я, как в тумане, принимаю вести
И слышу только музыку стиха.

3
Ночной диалог

-Ты сейчас не пиши стихи,
Позабудь про великие строчки.
Сдайся на волю стихий
Этой безлунной ночи.

-Ты меня ни о чем не проси,
Я тебе отказать не в силах.
Теплый дождь за окном моросит,
Он тебя убаюкает, милый.

4

Мне скучно и тоскливо, если нет
В душе моей особенного света.
О, вовсе я не претендую, нет,
На звание высокое – Поэт,
Но есть, мне кажется, он у Поэтов.

5

Два часа я читала стихи,
Два часа, без укора совести.
Ты меня не кори, а пойми –
Никакой в этом нету корысти.

Как смертельная жажда томит,
И как голод порою мучает,
Просит сердце печаль утолить
Ритмом строф, так душе созвучных.

6

Влекома одной подчиняющей страстью,
Как в зеркало, в строчки гляжу.
Рисую картины – молитвы о счастье,
Молюсь о просвете в душевном ненастье,
И снова за строки сажусь.

7

Восемь строчек, всего восемь строк.
Семь из них – только ради последней...
Если б только сумел, если б мог ,
Я вначале подвел бы итог
И сказал – все тебе, наследуй.

8

Любая мысль должна быть выражена ясно.
За сложностью не спрятать пустоты.
О, поднимусь ли до высокой простоты,
До нерва оголенности прекрасной?

Возвращение

Как после долгой смертельной болезни,
Чудом оставшись в живых,
Я возвращаюсь к себе, значит к жизни.
Ветер внезапно затих.

Вот на столе под веселою лампой
Грудой эскизы лежат.
Будто на сцену к светящейся рампе
Кинусь— примите назад.

Вот он мой угол, счастливый свидетель
Радостных, трудных минут,
Намертво стянутых творческих петель.
Как вольно мне дышится тут!

Спешит карандаш и торопятся краски,
Темы толпятся гурьбой...
В мир мой особый, понятный, прекрасный,
К себе возвращаюсь домой.

Bliss

Нахлынет вдруг нечаянная радость,
Желанье счастья или просто – быть,
Все охватить, обнять любую малость,
Увидеть мир, способной быть на шалость
И все на свете сущее любить!
И напряженно ищешь – в чем причина?
И не находишь – ее просто нет!
Разглаживая горькие морщины,
Уютная, как теплый свет лучины,
Приходит радость, чистая, как свет.

Сердце и разум

Обещает светлый разум сердцу –
Больше ты уже не заболишь,
Мы с тобой давно единоверцы,
Ты не плачь, спасу тебя, малыш.

Плачет сердце, разума не слышит,
Ничего не в силах изменить.
Без любви – оно почти не дышит,
С ней – ему тем более не жить.

* * *

Горечь, горечь, горечь – день,
Солнца нет – одна лишь тень.
Убегая, тает ночь,
Забытье уносит прочь.
Снова солнце спрячет тень,
Вместо клена – старый пень.
Не утешит меня дочь,
Сын не сможет мне помочь.
Не буди, не встану. Лень
Начинать постылый день.
Тени прячутся в углу.
Сон придет – разгонит мглу.
Вброд пойду через ручей,
Снова стану я ничьей.
Сладка звонкая вода,

Мягче пуха – лебеда,
Лучше яств моя еда –
Земляника-ягода.
Радость, цвет – мое вино,
С ними ветер заодно
Станет ласково шептать,
Горечь стану забывать.
А слова я запишу...
Не буди меня, прошу.

А. А. Ахматовой

И светится месяца тусклый осколок
А.Ахматова

1

Анна, поэма у моря,
Дикая девочка волн,
Красотою с русалкою споря,
Муз покорила бомонд.

Слова печального нота
Музыкой в сердце вошла.
У Херсонесского грота
След твоей песни нашла.

Вещунья, загадка земная,
Вина, и прощенье, и боль,
И хрупкость, и стойкость не знали
Доселе такую юдоль.

Царица бессонных ночей,
Сон, приходящий во сне,
Даже твои палачи
Скорбят об ушедшей весне.

2

Ты – вещунья, звездная царица,
Я к тебе когда-нибудь приду
В звуке Слова тихо раствориться,
А потом в забвение уйду.

Я бы тоже плакальщицей стала,
Если б свыше было мне дано.
Никогда ты петь не уставала,
И сейчас, хоть нет тебя давно.

Знаешь ли, какое это счастье
Упиваться музыкой стихов,
Сердце разрывающих на части,
Всех твоих реальностей и снов.

3

Время ушло в никуда,
Срезан последний тростник,
Твое Слово – живая вода,
Пробивается к нам, как родник.

4

Муза твоя величальная
От последней до первой строки
Тенью проходит печальною,
Сторожит у Великой Реки.

Ни к чему ей пустые сомнения,
Все расставит она по местам.
Безутешным приносит забвение,
И бессмертие дарит Словам.

5

Не надо бежать за мной,
Плакать, обратно звать.
Дождь ледяной стеной.
По живому так больно рвать...

6

Отгородись словами,
Пой Херсонес, пляши.
Напополам со слезами
Вино за помин души...

7

Кругом зеркала, зеркала,
Отраженье минувших веков.
От себя не уйти никуда...
Только множатся строки стихов.

8

А.А.

А ты, секретница, сплошное вдохновенье,
Что ни строка, то душу обожжет.
Но есть одно средь них стихотворенье,
В нем Муза поселилась и живет.

9

О, как бы я хотела посмеяться
Над призраком маячащей беды,
К плечу надежному прижаться,
Но, где оно? А, ты? Где ты?

* * *

Позабыть бы о душе своей.
Мне такого счастья не дано:
Тихо плачет на камнях ручей,
Ветка ели постучит в окно.

Слово побежит по проводам,
Сердце пробивая, словно ток,
И ясней тропа к другим мирам,
И ложатся строчки на листок.

Просветлеет в сумраке печаль,
Луч заденет тайную струну.
Поплотнее запахнувшись в шаль,
Ухожу в волшебную страну...

* * *

Убивает любовь такая,
Высокой звенит тоской.
Я не знаю другой, не знаю.
Может быть не бывает другой.

Мнится – есть где-то светлый терем,
И жар-птица, и добрый принц,
И отпущена щедрой мерой,
Льется нежность с твоих ресниц.

* * *

M.

Я поддержки ищу – поддержи.
Не тужи о себе, не тужи.
Защити от себя, защити!
Я пощады прошу – пощади,
Я на помощь зову – помоги,
На краю руки мне протяни.
Возвращу я тебе все с лихвой –
В омут я за тобой – с головой.

* * *

Как губительна ночная тишина,
Струны обрывает непокой,
И любовь, пока она жива,
Ивою струится над рекой.

Убивает чувство напоказ,
Но еще страшнее без него…
Тайна ночи примиряет нас,
Лунная тропа у берегов.

Акварели

Весеннее утро

Ветерок просквозил птичий лес,
Разбудил тишину, угомон,
И донесся с высоких небес
Бирюзой очарованный звон.

Этюд

Пришла весна, и заискрились лужи,
И в небе отразилась акварель
Земли, оттаявшей от белой стужи,
И с крыш запела звонкая капель.

Смятение

По предзакатному насту –
По небу разлетится,
Предсказывая ненастье,
Огненная колесница.

Ночь, бирюзу скрывая,
По утру прольется светом,
И неистово, ветки срывая,
Налетит бирюзовый ветер,
  Бешеный, сильный ветер,
         Всего лишь ветер.
           Ветер...

* * *

Утро раннее.
   Мокрая акварель на небе.
      Чайки белыми ангелами
         Слетаются в акварель под ногами.
Авто на стоянке дремлют.
   Снежинки, тая, летят на землю.
      И золото сонных берез
         Ветер еще не унес.
Свет влажных прозрачных небес
   Разбудил птичий дремлющий лес.

Песней отозвалась тишина,
   И в припеве мне почудилась весна...

Мелодия осени

Берез молодых
    Золотая листва
        Шептала ноктюрну
           Простые слова.

Он недолго звучал,
    Он еще подождал,
        Перешел незаметно
           В стаккато дождя.

Тихий снег

Сегодня мне так хорошо.
На душе тишина.
Сегодня ... Но, что же еще?
Ах, да !
Ждет томик стихов у окна.
Снега цветы за окном
         Расцветая
И медленно падая
С белых небес на дно
Солнечной заводи,
         Тихо тают.
Скоро уйдет зима,
Тайная сводница.
Снова заявит права
Громко, как водится,
Весна. Душистая, яркая.
Страстно, смятенно, грешно
Зашепчет слова жаркие…

Сегодня мне так хорошо.

* * *

Вьются огни золотистой рекой,
Навстречу летит дорога,
Закатное небо горит за спиной,
Вечер стоит у порога.

Мысли бегут обгоняя себя,
Шуму весеннему вторя,
И вдруг очутились средь белого дня
У самого синего моря…

Сыновьям

1

Приходит время – улетают птицы,
И снятся им родные берега.
Но, пройден круг, все снова повторится,
Весною стая возвратится
В свои края, к своим корням.

2

В моем саду деревья не растут,
Цветы травою сорной зарастают.
Иллюзии, возникнув, быстро тают.
И неразрывна цепь душевных смут.

Поутру птицы, прокричав о счастье,
Летят к другим, высоким берегам.
Я им с собою свое сердце дам,
На равные поделенное части.

3

Д.Б.

По тропинке яблоневой сада
Малышок вразвалочку бежит.
Ты – моя надежда и отрада,
Мой подарок миру и награда,
И ларец, хранящий мою жизнь.

Детских рук доверчивая ласка
И смешливых глаз лучистый взгляд,
Первая прочитанная сказка,
Новогодняя смешная маска...
Мальчик мой, как я хочу назад!

Добрый друг, надежный мой и верный,
Во взрослый мир торопится уйти.
Малышок, души моей поверенный,
Да не тронет тебя вьюга, ветер северный,
Да садами стелятся пути.

4

Нет времени на письма и звонки?
Я знаю, милый, ты серьезно занят.
А узы прочные предательски тонки...
О, как, сынок, тебя мне не хватает!

Сижу тихонько в комнате твоей,
И ничего в ней не переиначу,
И тот же голубь за окном среди ветвей,
Я улыбаюсь, кажется. Нет, плачу...

5

Предсказание

C.

Вот и не верь предсказаниям,
Прочитанным по руке.
Тогда, не ждала и не знала я,
Но где-то в моей судьбе,
Было место твое, Сережка,
Быть сыном в семье моей,
И выстукивал ветер в окошке
Имена троих сыновей.
Ничего, что не я, а другая
Жизнь дала тебе по весне.

Позже, мне тебя доверяя,
Словно в душу запала мне.

Есть теперь у меня три сына –
Моя гордость, моя душа.
Как немыслимо, непостижимо,
Удивительно жизнь хороша!

6

Землетрясение

Г.Б

От страха душа сжимается.
Не герой защитит, только Б-г.
Под ногами земля качается,
И домой не найти дорог...

Телефон все звенит отчаяньем,
Но безмолвствуют провода.
О, клянусь, никогда не оставлю я,
Ни на час, ни на миг, никогда !

И услышан был материнский,
Той разорванной ночи крик,
И спокойным голосом низким
Мне ответил сосед-старик.

7

Г.

Возьми мою лиру и силы,
Отдай все болезни, всю боль
Души одинокой. Мой милый
Наследник, мне плакать доколь?

Огорченья, ошибки, обиды
В священном огне переплавь,
Преврати пораженья в победы,
И к Вершине —хоть вскачь, а хоть вплавь.

Ты еще не в пути, но готово
Все, пока мне на слово поверь.
В мир великий прекрасного Слова
Ты откроешь когда-нибудь дверь.

8

Г.

В разлуке что-то есть от смерти.
Ты мне хоть иногда звони,
Напомни, что жива, что время-ветер
Еще не погасил мои огни.
Сон тоже маленькая смерть,

Но он сулит мне с вами встречу,
Молюсь об этом каждый вечер.
И встретиться еще б успеть...

9

В половине шестого утра
Ты сказал, уходя на работу,
Я - не нужная детям забота...
Бьются в окна сырые ветра.

О, как страшно там было стареть,
Здесь стареть оказалось страшнее.
Можно там ничего не иметь -
Рядом дети. Что в жизни важнее?

Может быть в том задача моя,
Не мешать и не быть им заботой.
Пусть спокойно идут на работу
По своим городам сыновья.

Только как успокоить тоску
В полшестого утра на рассвете?
Так давно без меня мои дети.
Я без них так давно...Не уснуть.

Фрагменты биографии

Порт Ванино

Школьный день окончен.Школа на пригорке
Примеряет зимних сумерек наряд.
Раковина белая раскрывает створки –
В заснеженном поселке жемчуга блестят.
Стоит завороженная, затаив дыхание,
Маленькая девочка с длинною косой,
Ловит свет далекого маяка сияния,
Впервые потрясенная земною красотой.
Редкие снежинки на ладошке тают,
Сквозь тайгу просвечивает розовый закат,
На торосах в гавани отсвет догорает,
На соседней сопке огоньки горят.
Не найти тропинки вниз по косогору,
Что по кашке-клеверу летом нас вела,
Там ключи холодные открывались взору,
Там брусника спелая в плесы всех звала.
А сейчас по склону вьются, заплетаясь,

Сиреневые тропки заячьих следов,
Да летит под гору, внезапно прерываясь,
Санный след полозьев до самых берегов.
В ледяных торосах спят до лета шхуны,
В тишине морозной слышен лай собак.
Где-то у поселка потренькивают струны,
Слышен зов далекий, да не уйти никак.

Безмятежно детство. Красота впервые
В детское сердечко вольницей вошла.
А в неволе, рядом, чьи-то души стыли,
Чья-то злая доля пристанище нашла.
За сверканьем сопок – темные бараки
Занесенных снегом судеб, жизней тлен…
И брехали ночью злющие собаки,
И встречали лаем каждый новый день.

Юность

«Коллективу» - сокурсницам моим

Ты в юности ранней была хороша,
Называли тебя несмеяной.
Хоть втайне твоя ликовала душа,
Так сама ты себя называла.

А потом, среди новых и шумных подруг
Стала вдруг по-весеннему звонкой.
Становился так тесен студенческий круг,
Называли веселой девчонкой.

Когда рассыпАлась по дюнам гурьба
Милых и вздорных девчонок,
Вслед, казалось, с улыбкой качала сосна
Корабельная теплою кроной.

Наступала горячих деньков череда,
Летняя-дюнная сессия.
Подпекала песчаная сковорода,
С залива холодного бриз налетал
И чайки с протяжными песнями.

А грибною порою по лесу бредешь,
Пронизанным утренним солнцем,
И эхо в ладони тихонько берешь,
И слышишь: «О, радость!» и радость зовешь,
И все это счастьем зовется.

21 Октября 1989 года

Осень улыбалась, провожая,
Бабьим летом осеняя нас.
Плакала соседка. Уезжаем...
У подъезда обнялись в последний раз.
Все тревоги прошлые забылись
На перроне в окружении родных.
И подумалось, что вот, поторопились.
Но ведь не на век простились мы.
И крепились, сдерживая слезы.
Кто-то плакал, кто-то руки жал,
И прекрасные октябрьские розы
На ходу, у поезда вручал...
В том краю оставлено немало –
Детство, юность, зрелости расцвет,
Но исчезло, сгинуло, пропало,
Ничего и никого там нет.
Наша жизнь – спрессованные годы.

Заново родились, не беда.
Но какие же мучительные роды!
Повитухи не было тогда.
Мы сегодня встретились с друзьями,
Рядом близкие и дальняя родня.
Но стоит, стоит перед глазами,
Улыбаясь, бабье лето у меня…

21 октября 1999

Письмо в Лиепаю

Т.К. и «коллективу»

Кружит ветер, заметает вьюга,
Занялась бессильная заря.
Милая, далекая подруга,
Жизнь нас разбросала по краям.

Над заливом Рижским свищет ветер,
Над Великими озерами пурга.
Но в ночи все ж наши окна светят,
И не будем мы считать года.

Расстоянья, вьюги и ненастья
Дружбы не убавили тепла.
Вместе вы и в этом ваше счастье,
Греюсь я у вашего костра.

Цветы

М.Б.

Я не стала краше иль моложе
И чужая я теперь жена.
Про цветы он вспомнил отчего же?
Осень...А тогда была весна.

Распускались розы на газонах,
Подрастал наш первенец-малыш,
Мчались мы в обветренных вагонах
За город как будто бы в Париж.

Полыхало небо на закатах
И сиренью буйствовала жизнь.
Вот тогда услышала я как-то,
Что цветы мне надо б заслужить...

Я не стала краше иль моложе,
Круглой даты правлю торжество.
Через много осеней погожих
Он букет принес мне. А за что ?

Натану, внуку-первенцу

Волшебник маленький, явился ты на свет
И совершил немыслимое чудо –
Я буду помнить, сколько жить я буду,
Как возвратилось счастье давних лет.
Тебя растить судьба мне помешала.
И увезли внезапно от меня.
Сидела я, не зажигав огня,
И колыбельки воздухом дышала...
И не хотела завтрашнего дня.
И, что ни день проходит без тебя,
Я все сильнее по тебе скучаю.
Как быстро ты меняешься, я знаю,
И будешь помнить ты меня едва –
Тебе я словно бабушка чужая...

* * *

И не спится мне, и не можется,
Я встречаю рассвет за окном.
Но душа не болит, не тревожится,
Беспокойным не схвачена сном.

Темно-синий свод отодвинулся,
Золотистый занялся свет.
Белым дымом камин откликнулся
Славе утренней, ранней, в ответ.

Звонко утро, заря просыпается,
Перекличку ведут воробьи.
Светлой радостью наполняется
Моя улица – окна, дворы.

Над домами деревья заснувшие
Видят первый весенний сон,
Не печально, легко день минувший
Уступает грядущему трон.

* * *

Вспыхнут гневные слова,
Обожгут обиды.
Ты не прав, я не права,
Но вблизи не видно.
Замаячит тень беды,
Впереди разлука,
Медных труб, огня, воды
Горькая наука.
И покажется тогда,
Как все было гладко –
Дом, тепло, моя рука,
В полосу тетрадка,
Света круг. Стихом полны
Нежность, тихий вечер.
Не было тому цены,
Что казалось вечным...

Снова вечер. Мы вдвоем.
Между нами вьюга...

* * *

Вспомнилось мне что-то изначальное,
Плач сестры за моим свадебным столом,
И подруг упрямое молчание,
В зеркале глаза мои печальные,
И свистящий шепот за углом...

Бессонница

Здравствуй, моя первая бессонница,
Рада познакомиться с тобой.
Знаю, что большая ты охотница
До бесед с подругою ночной.
Много о тебе я понаслышена,
И плохого, и хорошего, и вздор,
Но, отбросив рассужденья лишние,
Я начну с тобою разговор.
Под зеленой лампой в изголовьи
Прикорнула тонкая тетрадь.
Сердца боль и радость песен новых
Вам двоим хочу я рассказать.
Как тонки невидимые нити
К той душе, что всех тебе нужней.
Как совсем не просто породнить их,
А понять еще важней.
Как высокая мучительная драма

Благородству помыслов верна,
Как в трагедию Прекрасной Дамы
Превращается ее вина.
А еще я расскажу тебе про юность,
Звонкие и светлые года,
Как Жар-птица ветром обернулась
И со мной рассталась навсегда.
Как судьба однажды пощадила,
Не сказала, на кого пенять,
В птицу Феникс тихо превратила,
Золушкой рожденную, меня...

А теперь прощай, моя бессонница,
Брезжит новый день в моем окне.
Хоть была я рада познакомиться,
Лучше побеседуем во сне.

* * *

Апрель уступил ноябрю –
Шесть дней за окном серый дождь.
С болезнью, как с лихом, борюсь.
А серый шипит – подождешь !

Он мне не судьба, не указ.
Пожала плечами. Терплю.
Скоро вечер, тепло твоих глаз
И отчаянное – люблю!

Все ушло, все тревоги, лишь боль
Застилает туманом глаза.
Скрип. Шаги. Ты пришел, мой король !
В сером вспыхнула бирюза.

* * *

Там, за этим углом окна,
Словно в раме, весеннее небо.
Мне верхушкой кивает сосна,
Побелевшая полоса
Пролегла самолетного следа.

Так легко, неспеша, невзначай,
Уходить по нему в те дали,
Где лежит временная печать,
Где все можно сначала начать,
Я оттуда пришла недавно.

Моей собаке Динго

Всем управляет странный рок –
Тебе он дал такое счастье,
А мне он только сниться мог...
Еще один простой урок –
Любовь не в нашей власти.
Я из него вопрос извлек –
А что такое счастье,
Какое в нашей власти?

Парафраз

М.

*Моим стихам,
написанным так рано...
М.Цветаева*

Зачатые в любви, негаданно - нежданно,
На произвол судьбы обречены,
Познавшие классическую драму,
Вобравшие любовь и боль вины,
Стихи мои написаны так поздно,
Что и не знала я, что я поэт,
В значении прямом и переносном
Рождением своим обязаны тебе.

Маме

Я так хотела, чтобы ты жила,
Чтоб вновь глазам твоим открылся мир,
И я в молитвах на себя взяла
Твою беду и сердцем отвела,
И позвала тебя на пир...

Прости меня,
    Что в тот же час
      Забыла я,
        В твоем миру
          Я тоже часть.

* * *

Белле Г.

На дорожку тебе, на удачу
Мои добрые пожелания.
Сквозь слезу улыбнусь, а иначе
Убегу или вовсе заплачу...
Ну, за что мне опять расставание?
Вспоминаю деньки «золотые» –
Бури, вьюги, заснеженный тракт,
Как машину впервые водили,
На работу друг друга возили,
И стояла вокруг суета.
Знать была ты мне послана небом,
Иль судьбой, иль удачей какой,
Стать отдушиной сердцу сумела
И понять меня так, как никто...

Предшественница

Е.Г.

Ты прекрасна прелестью лукавой,
Теплотой огромных черных глаз,
И осанкой гордой, величавой,
И улыбкой иронической, но право,
Не выпячиваешь мудрость напоказ.
Ты украсишь общество любое,
К разговору расположишь хоть кого,
Зная это ты не кичишься собою.
Очень жаль бывает мне порою,
Что дружить с тобой не довелось.

Кое-что о карме

Маме, с улыбкой

Спасибо нашей доброй маме –
Прочла учение о карме.
Если люди прощать умеют,
Мир становится здоровее.
Вот, о карме бы лекцию эту
Прочитать всему белому свету!
Стал бы мир здоровее и краше,
Благодарный мамулечке нашей.

* * *

Все приходит в этой жизни поздно:
И признанье, и твое – прости,
И восторгом полный час мой звездный,
Теплый взгляд, такой недавно грозный,
И цветам, мной «незаслуженным», цвести.

* * *

Ах, как хочется плакать и каяться,
Повернуть свое время вспять.
Жизнь прошла, не вернуть, вот и маяться,
Оглянувшись на ту благодать.

Остается теперь, вспоминая огни –
Ах, безумно, как хочется жить ! –
Проклинать ту весну, те веселые дни,
И прощенье у Жизни просить.

* * *

Я пишу тебе письма странные
Не из дальнего далека,
А из прошлого болью раненного,
Так безмерно она велика.

Занесет те следы пороша,
Пусть не вспомнить ни смеха, ни слез,
Но уже позабыть невозможно
Взгляд любимый над стайкою роз.

* * *

Безмерно счастлив тот,
Кто пережив разлуку,
Найдет душе измученной приют,
Кому в беде протягивают руку,
Кого любимые поймут,
И тот, кого надежда посетила
И не ушла, оставив одного,
Чья память все недоброе забыла,
И кто в толпе людской не одинок.

Ложь и правда

Свята ложь, коль жизни во спасение.
Грянуть страшной правдой не спеши.
Стоит ложь святая воскресения,
В самое последнее мгновение,
Хрупкой и едва живой души.
....
Между убивающею правдой
И, меня спасающею, ложью,
Выбором мне мучиться не надо.
Ложь я выбираю, и в награду,
Уведет она из безнадежья...

* * *

Неблагодарному послана мука,
Черствому сердцу радости нет.
Кличет беду и себе, и тому, кто
Рядом играет спектакль теней.

Если полюбит, ему отомстится
Горькой потерей, и видится мне –
Горе любимому сердцу простится,
Сакральному сердцу спасения нет...

Боль

1

И я еще жива, слагаю песни,
Бессонницу баюкаю ночами,
Но в жерновах мне так бывает тесно,
И непосильна ноша за плечами.

Еще мы здесь, никто нас не рассудит.
И каждый с совестью своей наедине.
Простые, грешные, родные люди,
Единственные... Как чужие мне.

2

Мне жаль вас. Плачу я над пепелищем
Родного дома, над поломанной судьбой.
Но это жизнь, она и взыщет.
А я, всегда была для вас чужой.

Не исцеляет время и не лечит,
Перетирая душу в жерновах.
И страшно чувствовать
                        в преддверии не встречи,
Какая боль во мне еще жива...

3

На прошлое оглядываясь бесконечно,
Увидеть мысленно напрасно тщусь,
Что было жизни горестной предтечей.
Как Лотова жена, в легенде вечной,
В соляной столб однажды превращусь...

Седое небо

1

Побелели от снега седого былые печали,
Отрекалась от муки, страдая, крича и любя.
Трубы медные горе на царство венчали,
Невозможно соленою стала живая вода.

2

Кто посмеет быть судьей третейским
И судить о прожитом, живом?
Ваши доводы – сильны, точны и вески –
Пыльной взвесью в солнечный проем !

3

Дышите, живите, как можете,
Упивайтесь своей правотой !
Что разбито, уже ведь не сложится.
Мне бы память сковать немотой.

4

Плохо человеку, краски меркнут,
Серой затянуло пеленой.
Словно на великую потеху
Огненное небо над Землей...

* * *

Зажимая зубами крик,
И пудовую сбросив усталость,
Продиралась к мечте напрямик,
И к себе – той, которой мечталось.

Окрыленность не терпит вериг
И не требует пьедестала.
Приземленность удачу сулит,
Только с нею мне не пристало,

Десять лет пролетели, как миг,
И теперь начинать сначала.
Примеряю судьбу, как парик,
И на царство любовь венчаю.

Две фотографии

М.

Загадочного лета осень,
Веселых парадоксов грустный взгляд,
И шепчет, и зовет, и просит,
Но нет путей, и нет дорог назад...

Дворов старинных два дагерротипа –
Бежит тропинка под орехов сень.
И на обоих вековые липы,
И у оград персидская сирень.

Там , за оградой, подрастало детство,
И рядышком прошли наши пути,
И в юности, однажды по соседству,
Пересеклись, нас не сумев найти.

А время все бежало, и дороги
Нас разводили в разные края.
И, что до встречи так уже немного,
Никто тогда не знал, ни ты, ни я...

Танец

На губах блуждает тень улыбки,
Краденую радость прячет взгляд.
Все пустое, все химерно, зыбко
Все, что вы придумали сейчас.

Взоры встретились и оттолкнулись быстро,
Лаской на плече лежит рука...
Тарантелла без единой мысли
Пляшет, как безумная река.

De javu. Все это уже было.
Помним. Проходили. Но не впрок.
Все, что мы с тобою пережили,
Отзовется. Дайте только срок.

* * *

Не нужны мне твои предсказания.
И сама я могу предсказать.
Хуже всякого наказания
Бесконечные назидания
Будут душу мою иссушать.
Я прошу, не пророчь, не каркай –
Одиночество впереди...
Самый солнечный день, самый яркий
Меня к радости разбуди !

Цауль. Цикл стихотворений

> О, если бы я только мог
> Хотя от части ...
>
> Б. Пастернак

* * *

У счастья есть аромат –
Запах цветущей липы...
Цауль в июне, сиреневый сад –
Мой друг, мой раб, повелитель.

Цауль – поместье с прилегающими к нему парками, садами, ландшафтом села Цауль на севере Молдавии.

Сиреневый шатер

Веет ночною прохладой,
Запахом скошенных трав.
Там за старинной оградой,
Увитой лозой винограда
Замираю под сенью шатра...

Стелется легкий туман,
Белый дымок над прудом.
Кружит голову теплый дурман,
Восхитительной ночи обман
Обступает сиреневый дом.

Светит серебряный круг,
Тонет в сиянии глаз.
Шорох, кольцо твоих рук,
Последняя песня разлук,
Сирень убаюкает нас...

* * *

И падают звезды
В упавшие росы
И зажигают огнем.

Еще ведь не поздно,
Никто и не спросит,
Куда мы с тобою идем.

Расступятся ивы
И пруд наш увидим,
И остров, беседку на нем.

По мостикам шатким
Взлетев без оглядки,
Потерянный рай найдем...

Цауль

Пусть морозы, дожди и зной...
/из песни/

Такая солнечная заводь
Осталась позади.
О, дней невыцветшая память,
Влеки меня, зови!
Сокровищ потаенных кладезь
Былых чудесных дней
Хранит тепло весны и радость
Всей юности моей.
Бег времени, всего лишь фраза.
Все неизменно там,
Куда до следующего раза,
Простившись, я вернусь не сразу,
Где счастье ходит по пятам...
Где всех моих провинций нега
Влечет в цветущий сад,
Где синее высоко небо
И зреет виноград,
И клекот аиста на крыше,

И глечик на плетне,
И, к солнцу подтянувшись выше,
Кивнет подсолнух мне,
И на крыльце перед закатом
Разлит покой времен,
И воздух чист и пахнет мятой,
Цикадный слышен звон.
А по усадебным дорожкам,
Как сказка хороша,
Вышагивает осторожно
Павлинья пара неспеша.
Там, за оградою старинной,
Прохладой дышит тишина,
Там шепчут ели голубые
Твои заветные слова –

«Пусть беспощаден мороз или зной,
Дождь ли сечет холодный,
Пусть мне не будет судьбы иной,
Только бы день начинался тобой
И ночь пусть с тобой будет звездной.»

* * *

Я так хочу душевной тишины,
С собой согласья, мира и покоя.
Кто в вечном состоянии «войны»,
Тот и не знает, что это такое –
В саду моем пришествие весны,
И нежно улыбаются левкои.

* * *

Пусть скажут, что ушла эпоха стансов,
И дамам серенады не поют,
Придуманы и спеты все романсы,
И пошло все, что создает уют.

Мне не сравнить лирических нюансов
Земных страстей весенних вечеров,
И гроз июльских бешенные вальсы
С осенней песней про последнюю любовь.

И хочется, чтоб осень длилась вечно,
Ее Слова, как музыка, звучат,
И свет в окне залогом нашей встречи,
Раскрыв объятия, ждет меня назад.

* * *

Л.П.

Ты пребудешь со мной, моя тайна,
В самых недрах моей души.
Не коснусь тебя даже случайно,
Чтоб не таяли миражи.

Чтоб меня на плаву держала,
Не позволила в Лету упасть.
От руки отвела бы напасть,
Чтоб себя я не предавала.

* * *

О, Господи, уйми мою печаль,
Умерь тоску и протяни мне руку !
Иль сердца, обреченного на муку,
Тебе не жаль ?
Пошли мне Bliss иль дай мне вдохновенье,
Божественную подари искру,
И просветлеет мир вокруг,
И радость вспыхнет вдруг,
Хоть на одно короткое мгновенье.

* * *

Женщины прекраснее цветов.
Землю украшают, дарят жизнь.
Кто сказать посмел, подумать мог,
Что цветы им надо заслужить !

Все цветы Земли растут для них,
И мерцают звезды по ночам,
Пишет ветер музыку, а стих
Расссыпает косы по плечам.

* * *

Знакомое начало,
Единственная песня.
Великие печали
Не стоят этой мессы.
И рядом, и поврозь,
И нескончаем вечер.
Все, что уже сбылось,
Пусть нам ускорит встречу.
Не причиняй мне боль,
Сними с меня вину.
А впрочем, твоя воля,
Оставь меня одну...

Художнику

1

В.Н.

В своем отечестве пророков нет.
И не ищи, и сил не трать напрасно.
Пой красоту и жизнь – они прекрасны.
Побудь пока художником «запаса»,
А там, посмертно, славу станут петь.

2

*Художнику Исидору Шрайберману,
к картине «Полевые маки»*

Маки не убитые войной
Полыхали в поле предзакатном.
Доносились грозные раскаты.

Уходили даты по одной,
Чтоб воскреснуть на холсте солдата,
Тоже не убитого войной...

Выстоявшим в Холокосте

Никакими словами не высказать
Ужас внешне обычного дыма...
Как смогли они выжить и выстоять,
И воочию донести до нас
Дымы Треблинки и Освенцима ?
Сколько мужества, сколько силы
Нужно было, чтоб просто – жить.

Не согреть их теплом камина
Потому, что труба Освенцима
До сих пор продолжает дымить...

Строгие стихи

З.П.

То война, то снова перемирие.
Мира даже близко не видать.
От ее и моего неверия
Дружбы нашей пала благодать.

Словно это полоса нейтральная,
Передышка ненадолго, а потом
Разойдется дева перепальная,
Душу прожигающий фантом.

Все хорошее недавно будто сказано,
Ныне перепачкано, в пыли.
Глупое доверие наказано,
Мертва радость и душа болит.

Эпиграмма

Представляю, как он будет убиваться,
Самую родную хороня –
Не на ком от всей души сорваться,
Жизнь свою в Америке кляня.

Не пред кем, размазывая слезы,
Признавать бессилие свое.
Не щадя, бросать в лицо угрозы,
Душу насадив на острие.

Не просить прощенья, а признанья
Требовать и нежности взамен,
Отдавать распоряженья-приказанья,
Мол, подождет до лучших перемен.

Разве что, останется собака,
Можно с ней полаять на Луну,
На свою родную, злясь, поплакать,
Мол, ушла, а я вот – хороню.

Подвела, такая и сякая,
Некому меня повеличать.
Ни за что, ни перед кем не отвечая,
Было б на кого мне накричать.

Эпиграмма

З.П

Не отниму я вашей привилегии,
Мадам буфетчица, у стойки вы вполне...
Не претендую я на оду, на элегию,
Не потревожу ваших чувств на темном дне.

Собою, несомненно, представляете
Двуличности прекрасный экземпляр,
Особого труда не составляет вам
Травить художника, пусть даже наповал.

Что вам интеллигентность, образованность,
Вы интеллект бы стерли в порошок.
Но ведь бывало, говоря по совести,
Деньжат ссудили, дав на посошок...

Кливленд

Радость летит побережьем,
Но Кливленд она обойдет.
Спящий угол медвежий
Болото свое стережет.

Церкви, бездельник на вэлфере,
С телеэкранов ложь.
Спросишь: читали Бредбери?
Ответа не разберешь.

Еда, как предел развлечения,
Пикник—утешенье души,
И стойкое самомнение -
«Очень дела хороши!»

Главное в жизни—работа,
Жить, чтобы плотно есть.
На износ, до седьмого пота,
Труд поденный, и сон, как месть.

Час души

Я устала плакать, вспоминая,
Об ушедшей юности тужить,
Словно меня выгнали из рая.
А быть может я устала жить.

Грусти день необычайно яркий,
Ночь несет с собой одно и тож...
Писем неотправленных подранки
Будто бы случайно потревожь.

Песни пой, не мудрствуя лукаво,
Иль шутом на площади пляши.
Раздавай налево и направо
По минутам час своей души.

Радуйся

М.

Радуйся солнцу, теплу и весне,
Радуйся туче, дождю и луне,
Что сын выступает на Белом коне,
И что на могилу идешь не ко мне,
Отца своего не терял на войне,
Не по своей ты страдаешь вине,
От чужих бед не стоял в стороне,
Тоскливые темы не топишь в вине,
Мечта не угасла о лучшем из дней.

Когда подсчитаешь ты все эти «не»,
Тогда и поймешь, что ты счастлив вполне.

Лабиринт

Плачет дождь за моим окном,
Плачет со мной, вспоминая...
Страстью дышит ничейный дом
Посредине нигдейного края.

Синие сумерки звук сторожат,
Дождь караулит за дверью,
Ласково губы, глаза ворожат.
Лабиринтовый выход потерян...

Осень – колдунья, твоя ль ворожба,
Любви ядовитого зелья
Капля последняя. Руки дрожат.
Страшное будет похмелье...

Время не лечит. Зови – не зови.
Из нигдейного края в реальность
Не отпустил от себя лабиринт
И надежды уже не осталось.

Где ты, источник живой воды?
Мне бы немного нежности,
И пусть бы кружил и кружил лабиринт
По аду, по раю, безбрежности.

Плачет дождь за моим окном,
Плачет со мной, вспоминая.
Осенняя нежность стучится в дом,
И руки дрожат, открывая...

Другу

Поговори со мной.
О чем? Совсем неважно.
Ты боль мою сейчас заговори
И снизойдет покой,
Усталый и вальяжный.
Потом придут стихи тебя благодарить.

Благодарю

Спасибо, Господи, за тишину,
За несчастливость,
За непрощенную вину,
За молчаливость,
За все, что не пришло, как ожидалось,
За все, что не сбылось,
За жалость,
Которую выпрашивать пришлось,
За боль занозою в груди.
Платить готова
Сполна и раны бередить
За данность Слова.

Тайная весна

Расцветала тайная весна
В сентябре, в аллее потрясенной.
Паутинкою летела тишина,
Клен осенний притворялся сонным.

Двое шли не замечая чуда,
Хризантемы с розами шептались.
Никому из смертных неподсудна,
В этот час сама любовь рождалась.

Говорили обо всем на свете
И наговориться не могли –
О театре, музыке, о детях,
И ни слова о любви...

И никто из них не догадался,
Только старая аллея поняла,
Очень трудный жребий им достался –
К ним любовь запретная пришла.

Впереди обвалы и подъемы,
Взлет судьбы, и шторм, и тишина,
А пока, в аллее потрясенной
Расцветала тайная весна.

Ты снился мне

Ты шел ко мне...
Протянутые руки
Спешили обхватить меня за плечи.

И в этом сне
Забыты были муки
И безнадежность нашей встречи.

Ты шел ко мне.
Я слышала твой голос
Шептал – усни, все будет хорошо.

И в светлом сне
Меня баюкал Колосс.
А наяву ко мне не подошел...

* * *

Не в первый раз все начинать сначала,
Жить заново, и заново любить.
Так почему отчаянно – печально,
Как птица сердце мечется в груди...

Не выбирать мучительно дорогу,
И не вступать со своей совестью в торги,
Но выглядеть уверенной и строгой,
О, Б-же Милосердный, помоги!

И день придет, когда утихнут страсти,
День самый тусклый, тихий и больной...
Но, может в дверь вдруг постучится
счастье?
Нет... У него сегодня выходной.

Зарисовка

По двору гуляли
дождь и Мариус с собакой Динго

Брели по лугу мокрому понуро
Фигурки две под мерный шум дождя.
Одна из них потряхивала шкурой,
Другая зонт встряхнула погодя.

Любовь

Ветер перелистывал страницы,
Осень, не скрывая влажных глаз,
Опустив пушистые ресницы,
Вслух читала о любви рассказ.
Как звенела, счастьем наполняла,
Страстью опаляла, как огнем,
Как боролась с болью, вновь играла
Молодым рубиновым вином,
Как однажды ненависть явилась,
Руку протянула – поддержать,
Да сама любовью засветилась,
Не смогла пред нею устоять.
Время шло и становилась старше,
Так ранима, чутка и нежна,
И земли и неба настоящей.
Показалось, будто не нужна...

Все уходит, что-то возвратится,
Оставаясь, все чего-то ждем...
О, любовь, не нужно торопиться!
На мои осенние страницы
Ты пролейся золотым дождем.

* * *

О знал бы я, что так бывает,
Когда пускался на дебют...
Б. Пастернак

И боль души пронизана тобой,
И свет в окне, и давние печали,
И тени прошлого являются порой,
И кажутся сценической игрой,
Игрою в боль, которую не ждали...

Судьба

Моей судьбы девятый вал
А.Ахматова

Заметает новая пороша
Ледяные темные следы.
Позабытый шарф на стуле брошен,
Мне напоминает о непрошенном,
В дом вошедшем, словно знак беды.

Больно сердце сжалось от испуга
Стиснутое обручем тоски.
Просит, просит преданного друга –
Ах, скорее спрячь меня от вьюги,
И держи меня покрепче. Удержи!

Но не слышен другу голос сердца.
Темные вчерашние следы
Растопило яростное солнце,
Страх ночной слетел на дно колодца,
И рука моя лежит в руке судьбы.

Часы уединенья
(Романс)

Где моет листья вечер голубой
Артюр Рембо

Любила я в часы уединенья
Сидеть в саду в тени седых олив,
Внимать полуденного зноя пенью,
Игру искрящегося света с тенью
В морских волнах, торопящих прилив.

И столько неги в воздухе разлито,
Лениво бриз ласкает сон травы,
И взору тайному доверчиво открыты
Недосягаемая «Долче Вита»,
Регата одинокая, и Вы.

И знала я, когда наступит вечер,
Прохладою оденется залив,
Мне не уйти от нашей новой встречи,
Я буду слушать Ваши искренние речи,
И, мысленно, о следующей молить...

* * *

Настою вино свое на травах,
Дам испить весеннему лучу,
Сторожам на всех твоих заставах,
Тут тебя врасплох и захвачу.

Луч хмельной расставит свои сети,
Распахнется колдовская даль,
В травах, сам увидишь, звезды светят,
В радость превращается печаль.

Прошлого волшебные минуты
Возвратят нам счастье новизны
И любви чарующие пути.
Будут сниться нам одни и те же сны...

Зимний день

Мохнатые веси
Декабрь развесил
На веточках елей и пихт,

На утреннем солнце
Искрится оконце
И снег на лужайке скрипит.

Синие тени
Французской сирени
Кружатся на ярком снегу,

Птичий орнамент
Их обрамляет
И белок следы стерегут.

Динго немеет,
Зайчонка заметив.
Бросается вслед беглецу,

Смешно увязает
В снегу непролазном.
Смущенно плетется к крыльцу.

И я в утешенье
Даю ей печенье.
Мы празднуем вместе зиму.

Дома за чаем,
В окно замечаем,
Снег пошел. И мы рады ему!

Динго

Нам с тобой вдвоем, моя собака,
Хорошо в диванной тишине
От души повыть или поплакать
И забыться в легком полусне.

Размолвка

Ночи стынь за провалами окон,
Тихий шорох берёз.
Листья опавшие медленно мокнут,
У осени много слёз.

Скрип за калиткой уснувшего сада,
Гравий хрустит под ногой.
Слышишь ли, Динго? Плакать не надо,
Хозяин вернулся домой.

Июньский вечер

Сумерки спускаются на землю,
Синей тенью кружево дерев,
Луч последний яростно алеет
И внезапно тает, догорев.

Слышно, как постукивает дятел,
На ночь запирая дверь свою,
На кусте пионов, чуть примятом,
Пересмешник вторит соловью.

Ласково вливается прохлада
В комнату сквозь сетчатую дверь,
Тихо входит счастье к нам из сада
И садится рядом, верь или не верь...

Бабочка ночная бьет об сетку,
Крыльев не жалея. Не пущу,
Даже эту милую кокетку.
Я ж чужого счастья не ищу.

Ночь в ноябре

Д.Б.

Спасибо ночь тебе за ветреную нежность
И запоздалое осеннеее тепло,
С небес бездонных ласковую свежесть.
И на душе спокойно и светло.

Как над сокровищем дрожит последний
скряга,
Так я минутой этой дорожу,
И наслаждаясь медленностью шага,
Ночной тропинкой к звездам ухожу.

Шма

Слушай Израиль,
Господь Бог наш, Господь Один.
/Молитва/

Как хорошо, что Ты Один и Ты Един,
И нету в том ни капельки сомненья,
Что душу чуткой и тревожной сотворил,
И Сам приносишь ей успокоенье,

Что созданы прекрасные Слова,
Вобравшие мгновенный образ счастья,
И в каждом поколении мысль нова
О возрождении духовного причастья.

* * *

Ставлю я опять не там акценты,
Мнение свое не продаю,
Не считаю доллары, а центы
Я духовно нищим подаю.

Бросьте! Мне гордиться нечем. Разве
То, что нам судьбой уже дано
Есть заслуга наша, а не праздник,
Позабытый нами так давно?

Что сказать? Быть может мыслью узко,
А душе необходим простор.
В горы рвусь, не думая о спуске.
Хорошо б остаться среди гор...

Мне есть, что сказать вам

Отпустите меня на волю,
Где могу быть сама собой,
Где будет дышаться привольно,
И одет небосвод бирюзой.

Превратятся минуты в вечность,
И строка полетит за строкой,
Акварельная бесконечность
Будет править моей рукой.

Расскажу об еврейском местечке
Тёплой охрою по листу,
Покажу деревенскую речку
И столетнюю бересту,

Уведу в незнакомый город,
Дам послушать жемчужный прибой,
И сиреневых сумерек горных
Тишину, и полуденный зной.

В каждом слове и в каждой линии
Часть меня, в них я буду жить.
Мне бы воли, простора синего.
Отпустите! Мне нужно спешить.

Шутка

Посуда бьётся к счастью —
А счастья не видать!
Напротив! Все напасти
Идут за ратью рать.

Ну, Б-г уж с этим счастьем —
Быть нам или не быть,
Вопрос не в нашей власти.
Посуду б сохранить!

* * *

Может быть звучит это банально,
Много раз повторены слова,
Но деревья, юная трава,
Неба край, закат и ветер шквальный,
Если есть вы, значит я жива.

* * *

Я тебя хоть в сотый раз обижу,
Но не дам в обиду никому.
Даже если крикну — ненавижу!
Ты себе не веришь самому.

Если все с тобой в противоборстве,
На твоей воюю стороне.
Спор наш ничего не значит вовсе —
Сердце за тебя болит вдвойне...

Задохнусь я от чужой обиды –
Мне укажешь на неправоту.
Как ты нужен, но тебя не видно,
И в глазах темнеет на свету...

* * *

Кто упьётся славою посмертной?
Кто вдохнул горчайший аромат?
Промелькнули, словно след кометный,
Оглянуться не успев назад.
Вам, незнающие своей славы,
Не купавшимся в её лучах,
Кто расскажет, что вам дали право
Нести бремя её на своих плечах?
Веды всякие толкуют об искусстве,
Интерпретируя ушедших, вас,
Всё известно им о ваших чувствах,
Про идеи и про творческий запас.
Бывшие враги— теперь друзья вам,
Мемуары пишут, торопясь,
На «хвосте» посмертной вашей славы
Норовят в бессмертие попасть.
Время воздаёт всем по заслугам—
Вас согреет ли сентенция сия?
Вам поклон от искреннего друга
И молитва поминальная моя.

Ассоциации

Тупичок. Сосна, поляна,
Поленница, очаг.
Аромат весенний, пряный,
И хмелён, и наг.
Ассоциаций всевозможных
Вдруг нахлынул рой,
И оказалось так несложно -
Нида предо мной:
Хутора мелькают, полустанки,
Зеркала прудов.
Чаек суетящиеся стайки
Делят свой улов.
Коса песчаная залива,
Рыбацкие суда.
Душа знакомого мотива
Уже летит сюда.
Время будто не спешило,
Повернуло вспять –
Сегодня память разрешила
Снова юной стать.

Двустишия

На озере Тахо

1.

Кричал или плакал койот
С зимних гор опускаясь в распадок.

2.

Среди сосен светились дома
И мерцали, как сотни лампадок.

Кружение

1.

По разоренному родному перелеску
Бродила стайка растерявшихся оленей.

2.

Стоим и плачем в этом темном зале:
Царица—я, и ты—калиф на час.

3.

Тень от безлистых еще деревьев
Кружевом падает наземь.

4.

По-весеннему синие всполохи
За ленивыми спинами туч.

5.

Я у всех прощения прошу.
У меня никто его не просит.

Вместо завещания

Не унывайте. Каяться не надо.
Здесь каждый сам—и в одиночестве, и вне.
Улыбку натянув для маскарада,
Скажу я вам: - «все ведь окей вполне!»,

Все так. И так устроен мир.
Я вас не упрекаю, Б-же правый!
Кто виноват, что нету тех чернил
Из детства вашего, и дружб былых и
славных?

И только о прощении молю
За эти строки, слабости минуты.
Я вас до бесконечности люблю.
Не потревожить бы, и не испортить утра…

Земля обетованная

Время истекает, жизнь кончается,
Участь всей земли предрешена...
Но, Великий Импресарио старается
Для тебя, Обетованная Земля.

Ты примером миру уготована,
Задыхаясь, процветать в кольце врагов,
Совестью и Светом обетованна,
Так прорви же ты его, в конце концов!

Для кого ты медом источаешься?
Молоко и мед идут не впрок.
Ты еще, не дай Бог, истончаешь вся.
Вспомни из истории урок!..

Вспомни о Заветном обещании —
Радугой висит после грозы.
Ничего не бойся! На прощание —
Мир не стоит ни одной твоей слезы.

* * *

День нетороплив. Мягок тихий вечер,
Теплится камин. Догорит свеча.
Кто-то одинокий, не дождавшись встречи,
Постучится в дом, обронив печаль...

Ночь придет с луной. Свет в окне зажжется.
Тишину нарушит полный грусти взгляд.
Слушая печаль, сердце отзовется,
Скрасит одиночество по дороге в ад...

* * *

Есть ведь мирозданье, и стихи,
И солнца луч стеснительно крадется,
И за вину отпущены грехи,
И совесть никогда не продается,

Приходят Пастернаковские строки -
Июлем, ветром, скошенным лугом,
Лесным проселком скачущей дороги,
И жизни круговерть бежит бегом,

И нет причин для пошлого унынья.
Вдохну всей грудью ветер новизны.
Он закружит, он что-то опрокинет,
И огласит пришествие весны.

* * *

За забором жизнь идет большая.
Выгляни однажды, убедись!
Все бежишь по кругу, поспешая,
Не догонишь, как ни торопись.

Что случилось? Жизнь проходит мимо.
Где они, родные голоса?
И, по кругу, бег неутомимый...
Или это только полоса?

Мороз и солнце

Б.П.

Земля оснеженно лежала,
Храня покой.
Сосна на взгорочке стояла,
Как часовой,
И хрусталем сверкал на солнце
Ее убор.
Дремал, устав с пургой бороться,
Сосновый бор.
Звон тишины такой стоял
На весь предел,
И лишь мороз ковал, ваял
И все седел.

* * *

Как удержать, как отнять у разлуки?
Пусть не сегодня, никто ведь не
знает—когда?
Время уходит, бессильные падают руки.
Сердцем своим не отпущу никогда!

Сегодня мы вместе и длится наш праздник
нехитрый,
А чувство разлуки зачем-то туманит глаза.
Как старого фильма мелькают знакомые
титры,
Мосты и перроны, и самый последний
вокзал...

Колыбельная

На востоке и на западе,
По краям земли,
Неба розового заводи,
В море корабли.

Народился месяц маленький
Над купой дерев.
Привезу цветочек аленький,
Песенный напев.

Засыпает няня старая,
Купола небес...
На поляне гуси парами,
Ярмарка невест.

* * *

Малышка, моя сестра,
Отчего ты плакала на моей свадьбе?
Искры того костра
Сожгли мое подвенечное платье...

Видно оплакала впрок
То, что люди называли счастьем—
Догорело свечой не в срок,
Солнечный день превратив в ненастье...

* * *

Молчите вы?
Ведь кто-то должен быть сильнее.
Что? Выше головы?
Нет, прыгнешь, если небо там синее
И недоступно веянье молвы!

А сила в чем?
Неужто в маленьком листочке,
Трепещущем на яростном ветру,
И в каждой розовой, едва набухшей почке?
Да в них! И потому я не умру.

* * *

Не грустите, ведь не так уж много
Радости осталось на земле.
Каждый день благодарите Бога.
Беспредельна впереди дорога,
И в пути уже не заболеть.

Памяти Ники

Т.Ч.

Собакин игрушечный заяц
Забыто лежит на полу.
Некому весело лаять
В светлую ночь на луну,

Потом посопеть засыпая,
Уютно свернувшись в углу,
И тапок тихонько кусая,
Во сне поворчать на метлу.

С вечера что-то не спится,
Лишь только закроешь глаза,
Снова Ники мерещится – снится
Скупая собачья слеза...

Сегодня и ночь не такая –
Синий бархат и бирюза,
А с неба глядят не мигая
Любимой собаки глаза...

Озеро Эри

С севера тучи рваные,
Сетка небес на землю
Неудержимо падает,
Скрещивая параллели.

Явленье Великих Озер –
Гроза среди зимнего снега.
Небес бесконечный спор.
В полосу безнадега.

Рванется в прорыв весна,
Жарой воспарится в лето.
Приозерная полоса,
Даль, что море, маяк, сосна.

Море, которого нету...

* * *

Ото всех ты сердце скрыла.
Душу на замок
От него ты посадила,
Чтоб не уволок.

Все гармонии дивятся -
Тишь да благодать,
А куда тебе деваться?
Где собою стать?

Есть гармония в природе,
Ею и живешь,
И не знаешь, что в народе
Ясною слывешь.

Что обманчивая внешность,
Знала ты давно.
Сердце, милый пересмешник,
Радостью полно.

* * *

Писать стихи,
   Трепать собаку,
      Кормить рыбешек по утрам,
Простить грехи,
   Невольно плакать,
      Знакомым кланяясь ветрам.
Чинить весы,
   Глотать пилюли,
      Зажечь искусственный камин,
Считать часы,
   Дремать на стуле,
      Ждать радость. Лучше без причин.

Писать стихи…

* * *

Похоже, время к разводу
Подходит, к разводу мостов...
К разводу—руками разводят,
Когда не находят слов.

Разводит друзей судьбина.
Разводит борцов рефери.
Время, без всякой причины,
Разводит у самой двери.

От дома уводит дорога,
Уводит двоих от любви,
Невидимая за порогом—
Разводом ее назови...

Так бывает

Предчувствие, что мы идем к разводу…
Жить без любви не буду. Нет и нет!
А жалобы —на мерзкую погоду,
Осенний, тусклый, сумеречный свет…

Дом наш грустит, припоминая встречи,
Веселой выдумки смешные вечера.
Его душою были наши дети,
Все разлетелись, будто бы вчера…

Нет, месяцы прошли, за ними годы…
Там тишина, где были голоса.
Спасения ищу я у природы.
Про нашу жизнь не скажешь—полоса…

* * *

Сегодня все работают в саду,
И каждый двор готовится к зиме.
Сегодня солнце. Розы все цветут –
Еще денек, пусть даже завтра смерть!

Пронзительные краски в октябре,
И радость так пронзительно остра
От каждого багряного листа,
От дыма разожженного костра,
Как будто грусть сгорела на костре…

* * *

Ту, помнишь осень? Еще пели птицы
И с ними сердце пело в унисон,
И трепетали длинные ресницы
В предчувствии, что былью станет сон...

И поднималось розовое утро,
И день купался в солнечном тепле,
И время –вспять, и я летала будто.
Полет без притяжения к земле...

Ту, помнишь осень? Еще пели птицы
И с ними сердце пело в унисон…

* * *

Солнце, солнце, дай немного радости,
Унеси тревоги и печали.
Наступленье, не атака старости,
Есть и в ней хорошее начало.
На досуге можно нянчить внуков,
(Только внуки очень далеко)
Слушать голосов родные звуки,
(Только дозвониться нелегко),
Совершать далекие прогулки,
Любоваться красками земли,
(Ноги понесут по переулку?
Нет?—так на крылечке посидим!).
Только б не померкли краски мира,
Не увяли б запахи весны,
И тогда обычную квартиру
Населяет солнце новизны.

Что тебе сказать, моя маркиза?
Не увянем, будем дальше жить,
Вспоминать прекрасные капризы,
И травинку каждую любить.

Солнце, солнце, дай немного радости…

Руки

Ты не смотри... Эти руки узнали нужду и заботу,
А были красивы, и кожа нежнейший атлас...
Ты иди, не опаздывай. Ждет тебя злая работа.
Руки, что ж, им спокойно на одеяле сейчас.

Не прикасайся губами к ним. Слезы –ожогом...
Шепот прощания. Или прощенья слова?
Ну, что ты? Не надо! Годы были нам посланы Б-гом
И за окном, как тогда, догорая багрится листва...

* * *

Ты не юродивый, мы не в России,
Никто на паперти не подаст.
В душу не лезут, летать отпустили.
Счастлив уже, если друг не продаст.

Всюду одно: эпидемия знака,
Лекарства от этого нет—не ропщи.
Обнявшись с ветром стоять бы и плакать...
Там, на мосту себя поищи.

Ностальгия

Чужбина– наш единственный причал,
Пусть обветшалый, шаткий, иль плавучий
Нам всем, ушедшим от своих начал
Пусть даже по причине благозвучной.

Или она—источник ностальгий,
Разнящихся по времени и месту.
Так сердце плачет у родных могил,
И мама, проводившая невесту.

У каждого полным полно чужбин.
По юности чье сердце не скучало.
И если –там, совсем уже один?
И если– здесь, то все начать сначала?

Но, что же ностальгия –злейший враг,
Иль может для души живая влага?
Ведь переплавить боль, тоску и страх
В высокий слог—немыслимое благо.

Я пробежалась
по своим десятилетиям...

Поделись со мною ласковое лето!
Распахнись веселое окно!
Море, море солнечного света—
Широкоформатное кино!

* * *

Глазами впитываю мир,
Глазами впитываю краски.
В душе откладывая их,
Живу я, будто по указке,
Кого—не знаю до сих пор,
Но, кто так щедр и милосерден,
Со мной выигрывает спор,
Жить заставляет— на все сто!
Чтоб вновь шагала я по тверди.

* * *

Я хочу жить в придуманном мире,
Где всегда зеленеет трава,
И запятнана солнцем квартира,
И стихами полна голова,
Где от радости сердце кружится,
От восторга поет тишина,
Прилетают знакомые птицы
Поклевать на ладони зерна.

Стихия

Стихи всегда приходят сами,
Не дозовешься их, но встретишь невзначай,
Ворвутся в ночь сырым осенним шквалом,
Не званным гостем на вечерний чай...

Какая странная, высокая стихия,
Всегда желанная, всегда как будто— вдруг.
Стихи так неожиданно, стихийно
Восторгом творчества захватывают дух...

* * *

Я еще бегу за «паровозом»,
Словно оторвавшийся вагон,
Отбиваясь на ходу от прозы,
Тянущей назад и под уклон...

Содержание

Грезы 6

Формула счастья 8

Муза 10

Не опоздай 12

Обитель...15

В четыре строчки

Шутка 16

Реплика 20

***

Подчиняющая страсть 35

Ночной диалог 36

Возвращение 39

Bliss 40

Сердце и разум 41

А. А. Ахматовой 44

Акварели

Весеннее утро....................................54

Этюд....................................54

Смятение....................................55

Мелодия осени....................................57

Тихий снег....................................58

Сыновьям

Сыновьям....................................60

Предсказание 62

Землетрясение 63

Фрагменты биографии

Порт Ванино....................................66

Юность 68

21 Октября 1989 года....................................70

Письмо в Лиепаю....................................72

Цветы....................................73

Натану, внуку-первенцу....................................74

Бессонница 78

Моей собаке Динго 82

Парафраз 83

Маме 84

Предшественница 86

Кое-что о карме 87

Ложь и правда 92

Боль 94

Седое небо 96

Две фотографии 99

Танец 100

Цауль.
Цикл стихотворений

Сиреневый шатер.....................................104

Цауль 106

***

Художнику 115

Выстоявшим в Холокосте 116

Строгие стихи 117

Эпиграмма 118

Эпиграмма 120

Кливленд 121

Час души 122

Радуйся 123

Лабиринт 124

Другу 126

Благодарю 127

Тайная весна 128

Ты снился мне... 130

Зарисовка 132

Любовь 133

Судьба 135

Часы уединенья 136

Зимний день 138

Июньский вечер 142

Ночь в ноябре 143

Шма.. 144

Мне есть, что сказать вам...................................... 146

Шутка 148

Ассоциации 152

Двустишия

На озере Тахо 153

Кружение... 154

***

Вместо завещания.................................155

Земля обетованная...............................156

Мороз и солнце....................................160

Колыбельная 162

Памяти Ники 166

Озеро Эри 167

Так бывает...171

Руки 176

Ностальгия 178

Я пробежалась по своим десятилетиям......179

Стихия 182

www.ingramcontent.com/pod-product-compliance
Lightning Source LLC
LaVergne TN
LVHW051735080426
835511LV00018B/3083